delari

Glitzer NÄHBUCH

EMF

EIN BUCH DER
EDITION MICHAEL FISCHER

Inhalt

Eiskissen, S. 18

Utensilo, S. 24

Glitzerlesezeichen, S. 36

FÜR UNTERWEGS

ZUM ANZIEHEN

DANKE

Trinkflaschenhülle, S. 50

Melonentasche, S. 54

Glitzertüllrock, S. 60

Vorwort

Hey,

ich bin Nine von delari, ich bin Mutter und DIY-verliebt.

Schon als Kind hat mich alles rund ums Selbermachen fasziniert. Seit ein paar Jahren hat es mir das Nähen besonders angetan, und da lebe ich meine Leidenschaft gern für meine 8-jährige Tochter aus. Nicht nur bei mir gehört Glitzer zum Alltag dazu, sondern auch bei meiner Tochter. So ist es zu diesem Buch gekommen, in dem du ganz viele wundervolle Projekte rund ums Nähen mit Glitzer für Kinder entdecken kannst.

Mehr Glitzer ist mehr!

In diesem Buch zeige ich dir in 18 tollen Projekten, wie du ganz einfach zauberhafte Glitzeraccessoires für Groß und Klein nähen kannst. Dank der Step-by-Step-Anleitungen kannst du die Ideen auch ohne großartige Nähkenntnisse schnell nacharbeiten und ein Strahlen in die Kinderaugen zaubern. Ob als Geschenkidee, Mitbringsel oder einfach zum Freudebereiten, deinen Ideen sind keine Grenzen gesetzt. Die Projekte sind für Klein und Groß, für jeden, der Glitzer liebt.

Nicht nur du kannst die Projekte umsetzen, in diesem Buch findest du auch zwei Projekte, die kinderleicht von der Hand gehen. Die Kleinen können sich somit selbst etwas Tolles nähen und sich ganz groß fühlen. Ganz wichtig ist hier mein Motto „Perfekt ist langweilig!". Es müssen nicht alle Nähte perfekt gerade sein, nicht jeder Stich muss perfekt gesetzt sein. Was wirklich zählt, ist die Freude, die ihr beim Nähen meiner Projekte habt. Denn keiner ist perfekt, und das ist auch gut so.

Auf meinem Blog www.delari.de findest du weitere interessante Nähinspirationen, DIY-Projekte und tolle Ideen rund ums Kind.

Und nun wünsche ich dir viel Spaß beim Nähen für Kinder und mit Kindern. Denk immer daran: Es kann nie zu viel Glitzer sein.

Deine Nine

Material

FÜR DIE PROJEKTE IM BUCH BENÖTIGST DU FOLGENDE MATERIALIEN:

- Haushaltsnähmaschine
- Stoffschere zum Zuschneiden der Stoffe
- Zackenschere, um die Nahtzugabe bei Rundungen zurückzuschneiden, damit legen diese sich nach dem Wenden besser.
- Stoffklammern sind perfekt für alle empfindlichen Stoffe und auch beim Nähen mit Kindern.
- Kam-Snap-Zange und Ahle, um die Plastikdruckknöpfe einzubringen.
- Handmaß, braucht man immer, um noch mal schnell etwas abzumessen.
- Sicherheitsnadel, um Gummibänder durch Tunnelzüge zu ziehen.
- Trickmarker, zum Markieren. Der Vorteil eines Trickmarkers ist, dass die Markierungen nach einiger Zeit von selbst verschwinden.
- Teflonfuß für Kunstleder u. ä. Stoffe
- Textilkleber, Stylefix® und Vliesofix®, um je nach Projekt etwas zu applizieren.

Stoffkunde

WEBWARE - NICHT DEHNBARE STOFFE

Webware bezeichnet Stoffe, die in der Herstellung gewebt werden. Sie bestehen aus Kett- und Schussfäden. Dadurch sind die Stoffe kaum bis gar nicht dehnbar.

Hierzu gehören z. B. leichte Baumwollstoffe, die sich super als Futter für die Krimskramstasche eignen, aber auch Canvasstoffe, die schön fest und robust im Stand sind.

Webware sollte man immer am Schnittrand versäubern, da dieser sonst ausfranst. Einfach mit einem Zickzackstich am Rand entlanggehen und schon sicherst du den Stoff gegen Ausfransen an den Nähten.

Vernähen kann man Webware super mit einem einfachen Geradstich in der Länge 2,8 oder 3,0.

MASCHENWARE - DEHNBARE STOFFE

Ein Stoff ist elastisch, wenn er gewirkt oder gestrickt ist = Maschenware.

Hierzu gehören z. B. alle Jerseyarten. Diese fransen an der Schnittkante nicht aus und müssen daher auch nicht versäubert werden. Damit die Nähte von dehnbaren Nähwerken nicht reißen, sondern „mitgehen", müssen sie mit einem elastischen Stich genäht werden. Das kann der einfache Zickzackstich sein, oder du schaust in der Beschreibung deiner Nähmaschine nach, welcher der dehnbare Stich ist. Dieser sieht von außen besser aus. Beim Zickzackstich entstehen oft große Lücken an der Naht. Je enger der Zickzackstich gewählt wird, umso unelastischer wird er.

PAILLETTENSTOFF

Es gibt viele verschiedene Arten an Paillettenstoffen. Schau bei deinen Pailletten, wie fest diese sind und ob du einfach mit der Nähmaschine darübernähen kannst. Teste es vorher vorsichtig, indem du per Drehen am Handrad die Nadel deiner Maschine steuerst. Im Zweifel entferne die Pailletten einfach aus dem Bereich der Nahtzugabe, dann bist du auf der sicheren Seite.

WENDEPAILLETTEN

Auch hier gibt es verschiedene Varianten, aber hauptsächlich sind die Pailletten in den Webwarestoff mit eingewebt. Schneide hier nicht mit deiner guten Stoffschere zu, denn Pailletten machen diese schnell stumpf.

Die Pailletten sind sehr hart und verlangen deiner Nähmaschine und auch deiner Nähnadel einiges ab. Entferne hier auf jeden Fall die Pailletten aus der Nahtzugabe, auch damit du ein schönes Ergebnis erzielst. Diese Mehrarbeit erleichtert dir das Nähen später ungemein.

KUNSTLEDER

Auf einem textilen Grundträger wird eine Kunststoffschicht aufgetragen, um eine lederähnliche Optik und Haptik zu erzeugen. Hierzu zählt auch der Stoff, der komplett mit Glitzer überzogen ist. Es gibt sehr viele verschiedene Kunstleder-Qualitäten.

Am besten verwendest du für Kunstleder immer einen Teflonfuß. Dieser klebt nicht auf dem Stoff, und so gleitet das Kunstleder perfekt unter der Nadel entlang.

Bei Kunstleder immer nur mit Stoffklammern und nicht mit Stecknadel heften, denn gesetzte Löcher schließen sich meistens nicht mehr. Verwende hier eine Universal- oder Microtex-Nadel, aber bitte keine Ledernadel. Ledernadeln sind für Kunstleder absolut ungeeignet, denn sie schneiden das Material, was bei Kunstleder schnell dazu führt, dass der Stoff unschön ausreißt.

Vernähen kann man hier sehr gut mit einem langen Geradstich mit einer großen Stichlänge von 3,0, besser ist sogar 3,5. Sonst perforierst du das Kunstleder und läufst Gefahr, dass es an der Naht reißt.

PVC

PVC bekommst du überall dort, wo du auch Tischdecken als Meterware erhältst. Dieses hat ganz ähnliche Eigenschaften wie das Material Kunstleder.

Verwende den Teflonfuß und eine möglichst große Stichlänge. Ich habe bei PVC mit einer Stichlänge von 5,0 gearbeitet.

FLEXFOLIE

Sie ist zwar kein Stoff, aber mit Flexfolie kannst du dir deinen Wunschstoff mit glitzernden oder holographischen Dekor-Elementen herstellen.

Dafür nimmst du deinen Wunschstoff und bügelst nach den Herstellerangaben deiner Flexfolie dein Muster auf den Stoff. Du brauchst dafür nicht zwingend einen Plotter, denn einfache Motive kannst du auch mit der Hand ausschneiden. Dreiecke und Kreise aus Glitzerfolie machen deinen Stoff direkt zum Designer-Stoff.

Du kannst deinen Stoff auch komplett mit holografischer Folie bebügeln. Aber dann verwende nicht dehnbaren Stoff, sonst löst sich die Folie, weil sie nicht elastisch ist und die Dehnungen des Stoffes nicht „mitgeht".

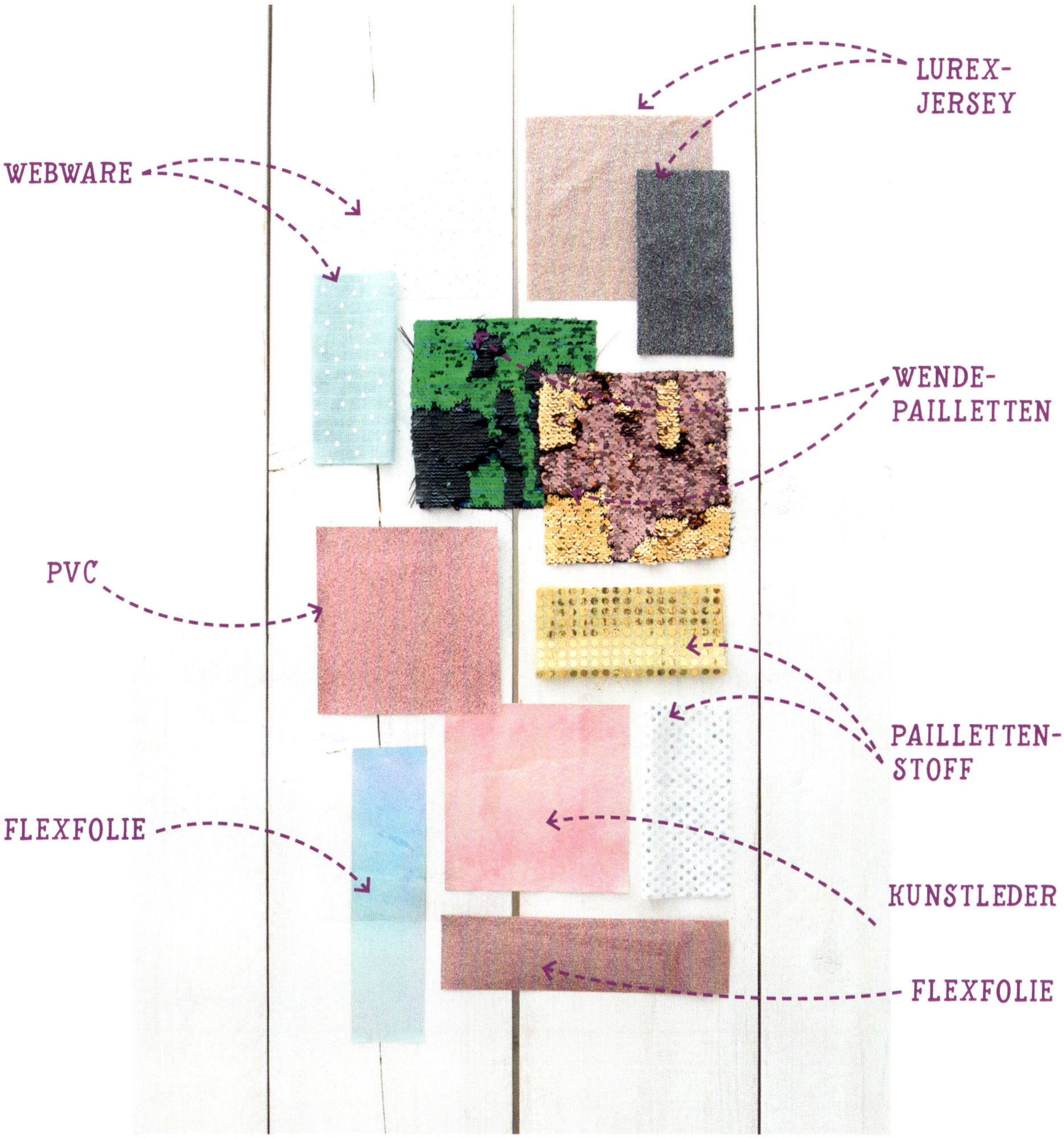
LUREX-
JERSEY
WEBWARE
WENDE-
PAILLETTEN
PVC
PAILLETTEN-
STOFF
FLEXFOLIE
KUNSTLEDER
FLEXFOLIE

Nähgrundlagen

ALLES ZUM SCHNITTMUSTER

Auf dem Schnittmusterbogen findest du alle Schnittmuster, die ich für dieses Buch entwickelt habe.

Die einzelnen Schnittmuster kannst du dir auf extra dafür geeignete Kopierfolie abzeichnen oder du nimmst dicke Malerfolie aus dem Baumarkt.

Meine Schnittmuster habe ich alle mit 1 cm Nahtzugabe angelegt.

WAS BEDEUTET FADENLAUF?

Der Fadenlauf verläuft immer parallel zur Webkante.

Beim Zuschneiden elastischer Stoffe ist es besonders wichtig, auf den Fadenlauf zu achten, damit der Stoff sich später auch in die richtige Richtung dehnt.

Bei Webware hilft einem der angegebene Fadenlauf ebenfalls, denn er zeigt dir an, in welche Richtung das Muster liegen soll.

WAS SIND KNIPSE?

Knipse sind kleine Markierungen innerhalb der Nahtzugabe, die du vom Schnittmuster auf deinen Stoff überträgst. Dazu knipst du mit der Stoffschere ganz kleine Schnitte in den Stoff, genau dorthin, wo die Markierungen sein sollen.

Beim Zusammenfügen einzelner Schnittteile helfen dir diese Markierungen/Knipse dabei, alles passgenau zusammenzustecken.

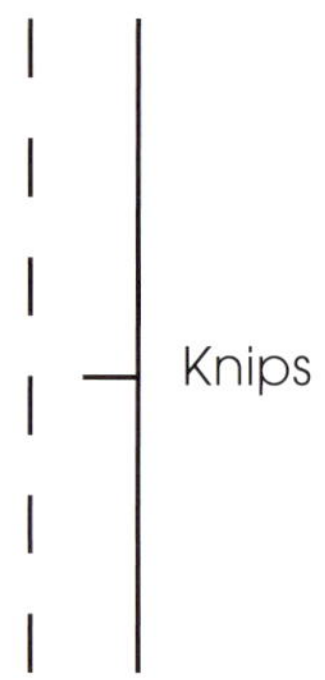

ABKÜRZUNGEN

VB = Vorlagenbogen

DIE NÄHMASCHINE

Alle meine Projekte sind darauf ausgelegt, dass du diese mit der Haushaltsnähmaschine nähen kannst.

Grundlegend verwende ich den Geradstich mit einer Stichlänge von 3,0. Je nach Material kann das aber variieren.

Informiere dich vorher, welche Stichlänge und welchen Stich dein Material benötigt. Eine kleine Auflistung findest du in meiner Stoffkunde ab Seite 7.

Wenn ich einen anderen Stich als den Geradstich verwendet habe, habe ich das in der Anleitung vermerkt.

Verwendete Sticharten in diesem Buch:

Geradstich

Dieser Stich wird bei Webwaren verwendet, den nicht dehnbaren Stoffen. Meine Voreinstellung für die Stichlänge ist hier immer 3.0 – ich passe sie aber je nach Material gegebenenfalls an.

Zickzackstich

Verwende diesen Stich als dehnbaren Stich und zum Versäubern der Kanten von Webware. Um den Zickzackstich als elastischen Stich zu verwenden, lasse die Stichlänge wie voreingestellt und die Stichbreite veränderst du je nach Material auf 0,5–1,5. Je schmaler der Zickzackstich eingestellt ist, desto weniger elastisch ist er.

Nähen mit Kindern

ERSTE TIPPS

- nehmt euch Zeit
- langsam nähen, stellt die Geschwindigkeit der Nähmaschine, wenn möglich, runter
- kleine Scheren für kleine Hände
- Trickmarker zum Übertragen des Schnittmusters
- Stoffklammern sind sicherer als Nadeln, dann kann sich niemand verletzen

DIE ERSTE NAHT

Lass dein Kind seine erste Naht auf Papier machen. So bekommt es das Gefühl für die Nähmaschine und hat keine Angst davor, etwas falsch zu machen. Wenn es sich auf dem Papier sicher fühlt, kann es auf Stoff wechseln. Dafür eignet sich am besten nicht dehnbares Material, da es nicht so rutscht.

Tipp

Für die ersten Versuche auf Papier habe ich euch praktische Übungsblätter auf meinem Blog hinterlegt: www.delari.de/dasGlitzer nähbuch

AB WIE VIELEN JAHREN KÖNNEN KINDER NÄHEN?

Das ist unterschiedlich. Meine Tochter hat das erste Mal mit 6 genäht, aber etwas häufiger dann erst mit 8 Jahren.

Probiert es aus und nehmt euch Zeit … die ersten Projekte müssen wirklich nicht so groß sein. Erinnere dich, wie aufgeregt du vor deinem ersten Projekt warst. Für Kinder ist es noch viel aufregender, also beginnt mit einem ganz einfachen Projekt, welches ein Erfolgserlebnis garantiert. Je einfacher es ist, umso schneller kommt man ans Ziel und ist danach auch motivierter, das nächste Projekt zu starten.

Zwei Projekte in meinem Buch sind wirklich kinderleicht und schnell umzusetzen, nämlich der Haarreifhalter auf Seite 28 und das Lesezeichen auf Seite 36. Sie sind mit dem Icon „Da kann ich mithelfen" gekennzeichnet:

WAS FÜR EINE NÄHMASCHINE?

Für die ersten Projekte muss es nicht gleich eine eigene Nähmaschine sein, lass dein Kind testen, ob dieses Hobby überhaupt etwas für ihn oder sie ist.

Wenn es dann doch irgendwann eine eigene Nähmaschine sein soll, kann ich aus Erfahrung zu einer Einsteigermaschine raten, die das Tempo kontrollieren kann. Das heißt, es gibt einen extra Knopf, mit dem man die Geschwindigkeit von ganz langsam bis schnell einstellen kann … zunächst langsam zu nähen, nimmt deutlich die Angst vor der Nadel.

So könnt ihr euch langsam rantasten und die Geschwindigkeit erhöhen, wenn dein Kind zum Nähprofi wird.

WIE EIN PROJEKT ANGEHEN?

Suche zusammen mit deinem Kind ein Nähprojekt aus. Nehmt euch Zeit dafür und sucht auch euer Material dafür aus. Es gibt nichts Schöneres als dieses Strahlen in den Kinderaugen, wenn sie wie die Großen ein Projekt planen können. Natürlich mit einer Menge Glitzer.

Dann arbeitet ganz entspannt nach der Anleitung. Ich habe euch Schritt für Schritt beschrieben, wie ihr am Ende zu eurem Werk kommt. Vergesst dabei nicht mein Motto „Perfekt ist langweilig!", denn erst eine schiefe Naht oder auch ein anderer kleiner Patzer machen das Werk besonders und individuell.

Am Ende steht dein Kind ganz stolz da und kann sagen: „Das habe ich selbst gemacht." Gibt es ein tolleres Gefühl?

Tipps & Tricks

KEINE ANGST VOR DEM REISSVERSCHLUSS-EINNÄHEN

Viele haben Angst, einen Reißverschluss einzunähen, das ist aber gar nicht so schwer, wie du denkst. Ich zeige dir hier mal mit ein paar Tricks, wie du das ganz easy schaffen kannst.

Es gibt verschiedene Arten von Reißverschlüssen. Die mit vorgegebener Länge, wie z. B. Ein- und Zweiwege-Reißverschlüsse und Reißverschlüsse zum Öffnen oder auch nicht zum Öffnen. Es gibt auch Endlosreißverschlüsse (Meterware), die man individuell auf die jeweils benötigte Länge kürzen kann und dann einen Zipper aufziehen muss. Diese besitzen aber keinen Stopper am Ende, sodass man den Zipper über das Ende hinaus abziehen kann. Daher muss man hier beim Nähen etwas aufpassen, dass der Zipper nicht runterrutscht, bevor man die Reißverschlussenden gesichert hat.

Ich habe hier einen Endlosreißverschluss verwendet, denn die sind perfekt für Taschen und andere kleine Projekte.

Für den Reißverschluss benötigst du einen Reißverschlussnähfuß, der ist eigentlich bei jeder Nähmaschine als Grundausstattung im Lieferumfang mit dabei.

Mit dem Reißverschlussfuß kannst du nur den Geradstich verwenden!

1. Lege den Stoff rechts auf rechts auf den Reißverschluss und stecke ihn fest. Du kannst hier auch Stylefix® nutzen, um den Reißverschluss zu fixieren, dies kann aber deine Nähnadel verkleben.

2. Nähe jetzt mit dem Reißverschlussfuß an der offenen Kante entlang. Du kannst den Reißverschluss während des Nähens öffnen und schließen, sollte dein Zipper im Weg sein. Dies machst du auf beiden Seiten deines Reißverschlusses.

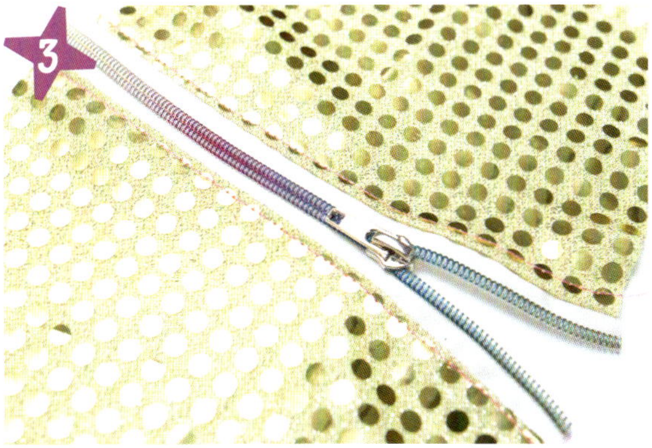

3. Wenn dein Material es verträgt, solltest du unbedingt die Nahtkanten von außen glatt bügeln und dann den Reißverschlussfuß von außen noch einmal absteppen. Fertig, das war es schon!

WENDEÖFFNUNG

Es gibt zwei Arten, die Wendeöffnung zu schließen: Entweder klappst du die Nahtzugabe nach innen und steppst sie von außen knappkantig mit einem Geradstich ab. Das ist zwar nicht die hübscheste, aber die schnellste Lösung.

Oder, wenn du nicht möchtest, dass man die Wendeöffnung später sieht, schließt du sie von Hand und verwendest dafür z. B. den Matratzenstich. Damit wird die Naht unsichtbar zugenäht.

1. Fädle Garn in eine Handnähnadel, lege es doppelt und verknote es am Ende mit einem Doppelknoten. Lege die Nahtzugabe nach innen, bügle und fixiere sie nach Wunsch mit Stylefix®. Der erste Stich geht von innen nach außen, direkt durch die Bügelkante.

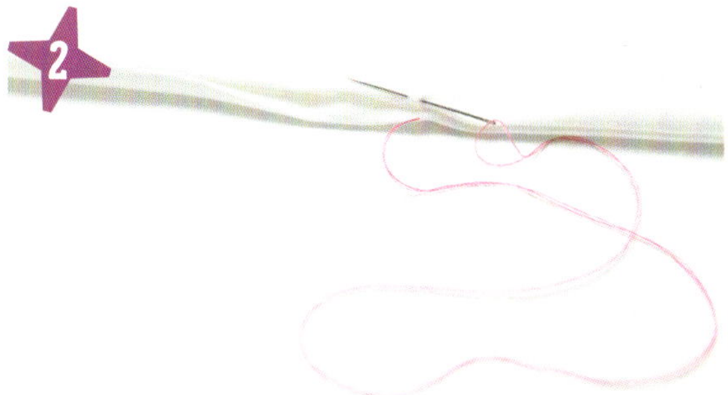

2. Stich von der linken Seite genau in dem Bügelfalz mit der Nadel ein und komme 2–3 mm weiter, wieder genau in dem Bügelfalz, zurück.

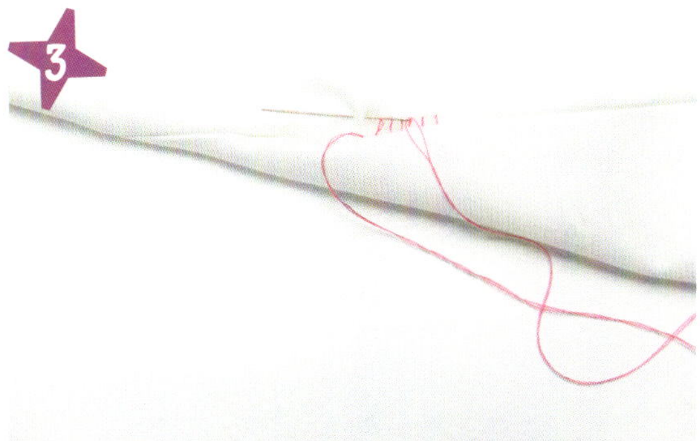

3. Wiederhole dies, bis deine Wendeöffnung geschlossen ist, ziehe den Faden fest und verknote ihn.

Tipp

Verwende die längste Stichlänge, die kannst du im Zweifel sehr einfach auftrennen.

KINDERZIMMER

FUNKEL-kissen

Mit diesen drei niedlichen Kissen in Eis-, Hasen-, und Schleifenform ist der Kuschelspaß garantiert.

Eiskissen

MATERIAL

- 80 x 50 cm Paillettenstoff in Weiß
- 40 x 15 cm Paillettenstoff in Blau
- 40 x 20 cm Canvas in Rosa
- 40 cm Glitzerband in Rosa
- Füllwatte

ZUSCHNITT

Aus Paillettenstoff in Weiß

1 x oberes Vorderteil (VB 1)

1 x Rückteil (VB 1)

2 x Eisstiel (VB 1)

Aus Paillettenstoff in Blau

1 x Vorderteil Mitte (VB 1)

Aus Canvas in Rosa

1 x unteres Vorderteil (VB 1)

Schlappohrkissen

MATERIAL

- 90 x 25 cm Webware in Weiß
- 25 x 25 cm Paillettenstoff in Weiß
- 6 x 3 cm Canvas in Rosa
- 25 x 10 cm Flexfolie Schwarz-Glitzer
- Füllwatte

ZUSCHNITT

Aus Paillettenstoff in Weiß

2 x Ohr (VB 1)

Aus Webware in Weiß

2 x Kissen: 30 x 20 cm

2 x Ohr (VB 1)

Aus Canvas in Rosa

2 x Kreis: 3 cm

Aus Flexfolie

1 x Hasengesicht (Plotterdatei zum Download)

Schleifenkissen

MATERIAL

- 70 x 20 cm Paillettenstoff in Weiß
- Füllwatte

ZUSCHNITT

Aus Paillettenstoff in Weiß

2 x Kissen: 30 x 20 cm

1 x Schleifenband: 10 x 20 cm

Tipp

Die Plotterdatei für das Hasengesicht findet ihr unter www.delari.de/dasGlitzernähbuch

Du kannst dir das Gesicht auch freihändig aus der Flexfolie ausschneiden.

So geht's

EISKISSEN

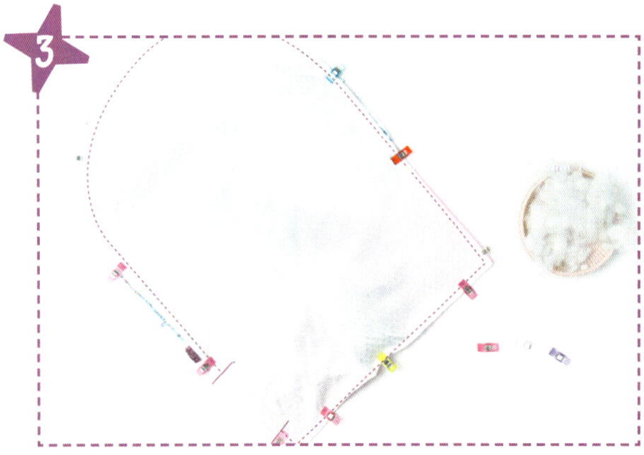

1. Lege das Vorderteil Mitte rechts auf rechts auf das untere Vorderteil und schließe die Naht. Nun lege das obere Vorderteil rechts auf rechts auf das Vorderteil Mitte und schließe die Naht. Die beiden Eisstielteile auch rechts auf rechts legen und, wie auf dem Bild eingezeichnet, rundherum absteppen.
2. Den Eisstiel wenden und mit Watte füllen. Mit der offenen Kante unten mittig an das Vorderteil innerhalb der Nahtzugabe mit einem Geradstich feststeppen. Das Vorderteil anschließend mit Glitzerband verzieren.
3. Das Vorderteil rechts auf rechts auf das Rückteil legen. Der Eisstiel liegt innen. Außen absteppen und eine Wendeöffnung lassen.
4. Das Kissen wenden und mit Watte füllen. Die Wendeöffnung schließen. Und schon bis du fertig!

Tipp

Für alle drei Kissen kannst du dehnbare und nicht dehnbare Stoffe verwenden, auch in Kombination.

So geht's

SCHLAPPOHRKISSEN

1

2

3

4

1. Appliziere die Wangen (rosa Kreise) auf den Oberstoff, danach die Flexfolie mit dem Hasengesicht aufbügeln. Jeweils ein Ohr aus Paillettenstoff und ein Ohr aus Webware rechts auf rechts mit einem Geradstich zusammennähen. Unten eine Wendeöffnung lassen.
2. Die Ohren wenden und glatt bügeln. Lege sie rechts auf rechts auf die Knipse auf der Kissenvorderseite und steppe sie innerhalb der Nahtzugabe fest.
3. Stecke das Rückteil rechts auf rechts auf das Vorderteil, die Ohren liegen dazwischen. Achte dabei darauf, dass die Ohren nicht über den Oberstoff herausragen, und schließe das Kissen. Lass aber eine Wendeöffnung von mindestens 10 cm.
4. Wende das Kissen und fülle es mit der Watte, bis es prall, aber noch kuschelig ist. Die Wendeöffnung schließen.

So geht's

SCHLEIFENKISSEN

1

2

3

4

1. Lege das Vorderteil rechts auf rechts auf das Rückteil und nähe einmal außen herum. Lass dabei aber eine Wendeöffnung von mindestens 10 cm. Falte das Schleifenband über die kurze Seite rechts auf rechts zusammen und schließe die lange Seite.
2. Wende das Kissen und fülle es mit Watte. Schließe die Wendeöffnung. Wende das Schleifenband (hierbei hilft ein Kochlöffelstiel), lege es so hin, dass die Naht in der Mitte ist und bügle es glatt.
3. Lege das Schleifenband mittig mit der Naht nach außen um das Kissen. Vernähe die Enden des Schleifenbands unter Spannung mit einem Geradstich.
4. Die Nahtzugabe zurückschneiden, das Schleifenband mit der Naht nach innen drehen und fertig ist das Kissen!

Utensilo

Glitzernd Ordnung schaffst du mit diesen Utensilos für Haarbänder und alles, was Mädchen sonst noch brauchen.

MATERIAL

- 50 x 15 cm Glitzerstoff in Grau
- 50 x 15 cm Glitzerstoff in Rot

ZUSCHNITT

Aus Glitzerstoff in Grau

2 x Utensilo (VB 2)

Aus Glitzerstoff in Rot

2 x Utensilo (VB 2)

Tipp

Verwende hier nur nicht dehnbare Stoffe.

Tipp

Die Anleitung zu den Scrunchies findest du auf Seite 74.

So geht's

1

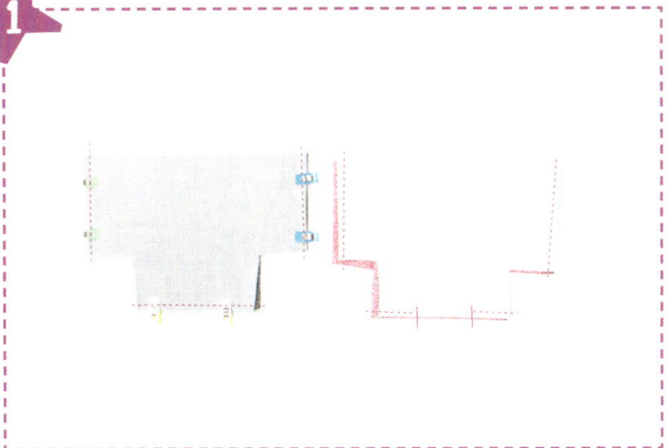

2

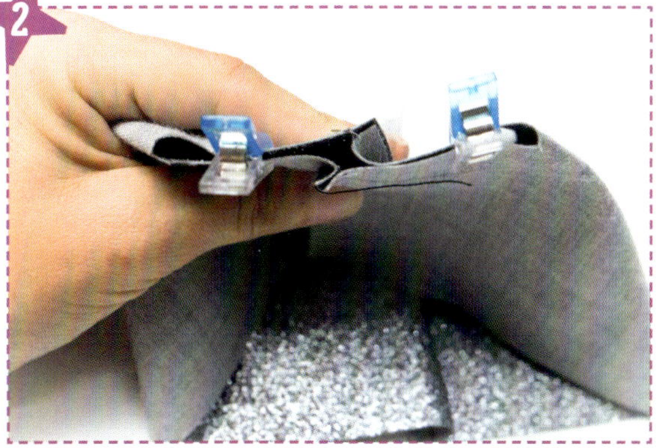

3

4

1. Lege die beiden Außenteile rechts auf rechts aufeinander, ebenso die beiden Innenteile, und schließe jeweils die drei eingezeichneten Kanten. Lass beim Futter eine Wendeöffnung.
2. Ziehe die offenen Ecken auseinander, dabei legen sich die eben genähten Nähte aufeinander, sodass die Ecken nun so liegen wie auf dem Foto. Achte darauf, dass die Nähte genau aufeinanderliegen. Stecke die Kante fest und schließe dann diese Öffnung mit einem Geradstich.
3. Stecke die beiden Beutel rechts auf rechts ineinander und schließe die offene obere Kante.
4. Wende das Utensilo durch die Wendeöffnung im Futter und schließe diese. Du kannst den oberen Rand noch von außen mit Zierstichen absteppen. Schlage ihn anschließend um. Fertig!

DA KANN ICH MITHELFEN

HAARREIF-halter

So viele Haarreifen und keine Ahnung, wie du sie ordnen sollst. Ich hab da eine Idee für dich – die so easy ist, dass die Kids mitmachen können.

MATERIAL

- 50 cm Glitzerband
- D-Ring, 25 mm

ZUSCHNITT

1 x Glitzerband: 50 cm lang

Tipp

Du hast mehr als drei Haarreifen? Verlängere den Haarreifhalter so lang, wie du es möchtest.

So geht's

1

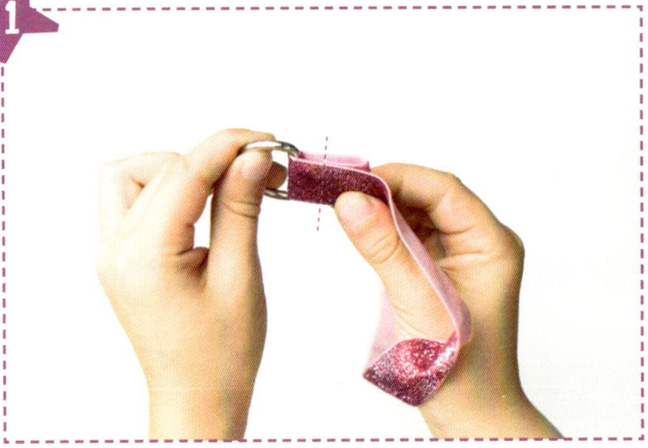

2

3

4

1. Fädle das Glitzerband durch den D-Ring und schlage es wie auf dem Bild ein. Steppe es ab.
2. Stecke zwei Stecknadeln in dein Glitzerband, die erste etwa 5 cm unter dem D-Ring und die zweite dann etwa 10 cm unter der ersten.
3. Führe die Stecknadeln zusammen, so entsteht eine Schlaufe wie auf dem Bild. Klammere die Schlaufe fest und steppe hier dann von außen mit einem Geradstich ab.
4. Schritt 2 und 3 wiederholst du nun noch zweimal, immer mit 5 cm Abstand zur letzten Schlaufe. Fertig!

KRIMSKRAMS-tasche

Viel Krimskrams haben selbst schon die Kleinen. Mithilfe des glitzernden Täschchens kannst du mit Freude Ordnung schaffen.

MATERIAL

- 25 x 20 cm Wendepaillettenstoff in Grün
- 50 x 20 cm Canvas in Rosa
- 25 x 20 cm Kunstleder in Schwarz
- 25 cm Reißverschluss

ZUSCHNITT

Aus Wendepaillettenstoff in Grün

1 x Krimskramstasche (VB 2)

Aus Canvas in Rosa (Futterstoff)

2 x Krimskramstasche (VB 2)

Aus Kunstleder in Schwarz

1 x Krimskramstasche (VB 2)

Tipp

Verwende hier nur nicht dehnbare Stoffe.

So geht's

1. Lege den Reißverschluss wie auf dem Bild auf deinen rosa Futterstoff.
2. Nun den Wendepaillettenstoff rechts auf rechts auf den Reißverschluss legen und mit dem Reißverschlussnähfuß absteppen. Du nähst hier also drei Schichten zusammen: Futter, Reißverschluss und Wendepaillettenstoff.
3. Mach jetzt dasselbe mit der anderen Seite. Den Reißverschluss wie auf dem Bild auf das Futter legen.
4. Das Kunstleder rechts auf rechts auf den Reißverschluss legen und alles mit einem Geradstich zusammennähen.

5. Die Stoffe wie auf dem Bild zurückklappen und die Nähte glatt bügeln. Achte aber darauf, ob deine Pailletten und das Kunstleder das Bügeln vertragen und bei welcher Temperatur, und lege am besten ein Baumwolltuch zwischen Bügeleisen und Tasche. Nun kannst du die Naht von rechts mit dem Reißverschlussnähfuß absteppen.
6. Öffne nun den Reißverschluss. Lege die Stoffe rechts auf rechts: Futter auf Futter und Oberstoff auf Oberstoff. Schließe die Naht rundum, lass aber im Futter eine Wendeöffnung.
7. Ziehe die vier Ecken jeweils auseinander, sodass die eben gesetzten Nähte aufeinandertreffen. Achte darauf, dass die Nähte genau aufeinanderliegen, und schließe die offenen Kanten.
8. Die Tasche wenden. Schließe zum Schluss die Wendeöffnung.

DA KANN ICH MITHELFEN

GLITZER-lesezeichen

Dieses Projekt ist so einfach, dass es super von den Kids umgesetzt werden kann. Also setzt euch gemeinsam an die Maschine und näht ein glitzerndes Lesezeichen für das Lieblingsbuch.

MATERIAL

- 14 x 14 cm durchsichtiges PVC
- 10 cm Webband
- Glitzer (lose Pailletten oder Pulver)

ZUSCHNITT

Aus PVC

2 x Glitzerlesezeichen (VB 1)

Tipp

Verwende hier nur nicht dehnbare Stoffe.

So geht's

1

2

3

4

1. Übertrage mithilfe eines Permanentmarkers das Schnitttmuster auf ein PVC-Rechteck.
2. Lege beide PVC-Teile aufeinander, klammere sie fest und nähe ca. 1 cm innerhalb der Zeichnung mit einem Geradstich die Seiten und die gezackte Unterkante des Lesezeichens zu. Oben bleibt es erst mal noch offen.
3. Fülle Glitzer, je nach deinem Geschmack, in dein Lesezeichen.
4. Lege dein Webband gefaltet in die Öffnung und schließe diese nun auch mit einem Geradstich. Nun noch das Lesezeichen bis knapp vor die Naht zuschneiden. Fertig!

Tipp

Statt aus PVC kannst du die Lesezeichen auch ganz einfach aus stabilem Glitzerstoff nähen.

FÜR UNTERWEGS

HASEN-geldbeutel

Das Taschengeld immer bei sich? In einem glitzernden Geldbeutel, der aussieht wie ein Hase … unbedingt! Er hat dazu den Vorteil, dass er um den Hals gehängt nicht so schnell verloren gehen kann.

MATERIAL

- 13 x 30 cm Glitzerstoff in Pink
- Kordel
- 1 Kam Snap
- Kam-Snap-Zange und Ahle

ZUSCHNITT

Aus Glitzerstoff in Pink

1 x oberer Beutel (VB 2)

1 x unterer Beutel (VB 2)

2 x Ohr (VB 2)

2 x Lasche (VB 2)

Tipp

Verwende hier nur nicht dehnbare Stoffe.

So geht's

1

2

3

4

1. Steppe die Ohren rechts auf rechts innerhalb der Nahtzugabe auf die Knipse des oberen Beutels. Die Laschen falten und auf die Knipse des unteren Beutels innerhalb der Nahtzugabe feststeppen. Hinweis: Du kannst das obere Schnittteil sowie die Ohren am Rand absteppen, das hat aber nur optische Gründe.

2. Lege das obere Schnittteil auf das untere, die Knipse liegen nun aufeinander. Schließe die offene Kante, wie auf dem Bild eingezeichnet.

3. Bringe nun den Kam Snap ein, dafür nutze das Schnittmuster als Schablone. Bei dem X mit der Ahle das Loch stanzen. Oben kommt die flache Seite des Snaps auf die rechte Seite und unten dann auf die linke Seite.

4. Schließe die Tasche mit dem Druckknopf und klammere die gefaltete Unterkante zusammen.

5

6

5. Die drei offenen Seiten absteppen.

6. Fädle die Kordel durch die Laschen und verknote ihre unteren Enden.

TURN-beutel

Nähe einen holografischen Turnbeutel mit Glitzer-Schüttelfenster. Nicht nur cool, sondern auch ganz schön praktisch. Ob zum Sport oder in der Freizeit, der Turnbeutel wird der liebste Begleiter.

MATERIAL

- 85 x 45 cm Kunstleder in Chamäleon
- 70 x 45 cm Webware in Rosa
- 20 x 22 cm durchsichtiges PVC
- 2 x 1,20 m Kordel, 5 mm Ø
- Glitzer (lose Pailletten oder Pulver)
- Sicherheitsnadel

ZUSCHNITT

Aus Kunstleder in Chamäleon (Oberstoff)

2 x Taschenbeutel (VB 2)

2 x Lasche (VB 2)

Aus Webware in Rosa (Futterstoff)

2 x Taschenbeutel (VB 2)

Aus PVC

1 x Fenster (VB 2)

Tipp

Verwende hier nur nicht dehnbare Stoffe.

Tipp

Nähe kleine Glitzerbänder o.Ä. als Label in die Seiten des Schüttelfensters.

So geht's

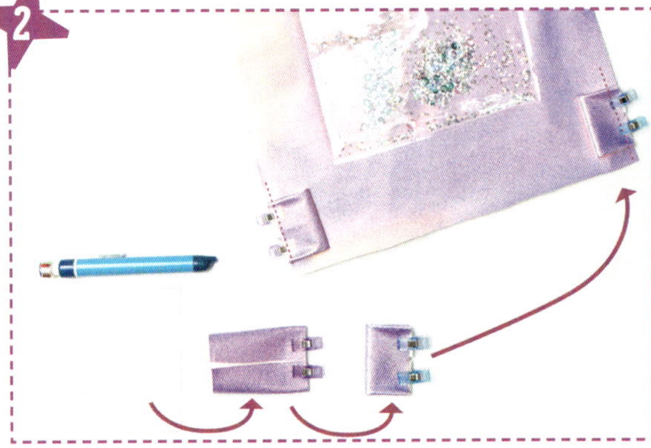

1. Übertrage auf alle Schnittteile die Knipse. Appliziere das Sichtfenster mit einem langen Geradstich auf die Vorderseite. Bevor du die letzte Seite schließt, fülle etwas Glitzer ein.
2. Markiere die Mitte der Laschen, schlage die obere und untere Kante zur Mitte. Mittig falten und, nach innen zeigend, auf das Vorderteil stecken, Knips auf Knips. Nähe die Laschen innerhalb der Nahtzugabe an.
3. Lege das Rückteil rechts auf rechts auf das Vorderteil samt Tasche und Laschen. Schließe die Seiten und die Unterkante mit einem Geradstich, wie auf dem Bild gezeigt. Zwischen den Knipsen für den Tunnelzug keine Naht setzen.
4. Lege die Nahtzugabe auseinander (bügle sie, wenn dein Stoff das verträgt) und steppe von innen die Nähte rund um das Tunnelzugloch ab.

5

6

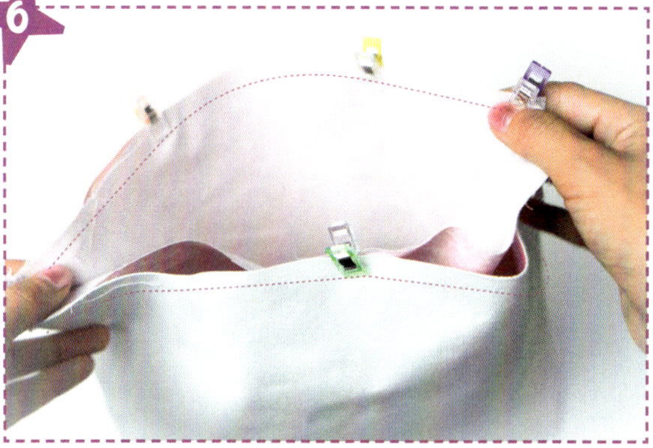

7

8

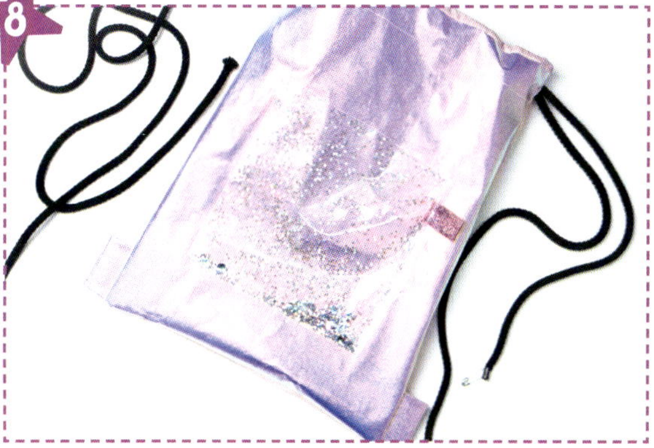

5. Lege die beiden Teile des Futter-Turnbeutels rechts auf rechts aufeinander und schließe die Seiten- und Unterkante an den eingezeichneten Linien mit einem Geradstich. Lass dabei an der Unterkante eine Wendeöffnung von mindestens 12 cm.

6. Stecke beide Beutel rechts auf rechts ordentlich ineinander. Klammere die offene Kante zusammen und steppe sie rundum mit einem Geradstich ab.

7. Wende den Turnbeutel und kontrolliere, ob alles richtig sitzt. Die obere Kante ordentlich legen, wenn möglich bügeln. Für den Tunnelzug 4 cm vom oberen Rand eine Naht setzen.

8. Fädle die Kordel mit einer Sicherheitsnadel durch den Tunnelzug. Am Ende ziehst du sie durch die Lasche und verknotest sie. Zuletzt schließt du noch die Wendeöffnung, und schon ist der Turnbeutel fertig.

TRINKFLASCHEN-hülle

Deine selbst designte Hülle verleiht der Trinkflasche Individualität und Schutz. Zudem lässt sie sich mit dem Karabiner super an einen Rucksack hängen. Und das alles natürlich als Glitzerversion.

MATERIAL

- 30 x 15 cm Melonenstoff in Rosa
- 55 x 25 cm Punktestoff in Rosa
- 38 x 15 cm Volumenvlies H 640
- 40 cm Glitzerband
- 25 mm Karabiner
- 30 cm Gummiband, 2,5 cm Ø
- 1 Kordelstopper
- Zackenschere
- Sicherheitsnadel

ZUSCHNITT

Aus Melonenstoff in Rosa (Oberstoff)

1 x unterer Flaschenbeutel (VB 2)

Aus Punktestoff in Rosa (Futterstoff)

1 x unterer Flaschenbeutel (VB 2)

2 x oberer Flaschenbeutel (VB 2)

2 x Boden (VB 2)

Aus Volumenvlies H 640

1 x unterer Flaschenbeutel (VB 2)

1 x Boden (VB 2)

Tipp

Verwende hier nur nicht dehnbare Stoffe.

So geht's

1

2

3

4
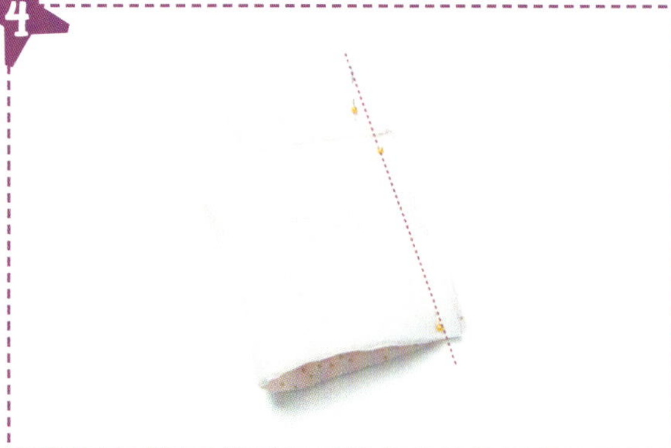

1. Übertrage die Knipse nur auf den Oberstoff. Fädle 10 cm vom Glitzerband durch den Karabiner und steppe es innerhalb der Nahtzugabe auf dem Knips des unteren Flaschenbeutels fest. Bügle dann das Volumenvlies auf die Rückseite des Futterbodens und des unteren Flaschenbeutels.

2. Lege ein Schnittteil des oberen Flaschenbeutels aus Futterstoff rechts auf rechts auf den unteren Flaschenbeutel aus Oberstoff und nähe sie oben zusammen. Wiederhole dies beim zweiten oberen Flaschenbeutel und dem unteren Flaschenbeutel aus Futterstoff.

3. Beim Außenbeutel nähst du das Glitzerband links auf rechts entlang beider Kanten auf die entstandene Naht und fixierst dabei die Karabinerschlaufe.

4. Klappe den Futterbeutel rechts auf rechts und schließe die Seitenkante.

5

6

7

8

5. Falte auch den Beutel aus Oberstoff rechts auf rechts und schließe die Seitenkante. Setze hier keine Naht zwischen den Knipsen für den Tunnelzug, wei du auf dem Bild sehen kannst.

6. Stecke den Boden mit Vlies sorgfältig rechts auf rechts in den Beutel aus Oberstoff und schließe die offene Kante mit einem Geradstich. Schneide die Nahtzugabe hinterher mit einer Zackenschere zurück, dadurch legt sich die Rundung besser. Wiederhole diesen Schritt auch beim Beutel aus Futterstoff.

7. Stecke Oberstoff- und Futterbeutel rechts auf rechts ineinander und schließe die obere Kante.

8. Wende den Flaschenbeutel und schließe die Wendeöffnung. Durch den Tunnelzug mithilfe einer Sicherheitsnadel das Gummiband ziehen und mit einem Kordelstopper fest ziehen. Fertig!

MELONEN-tasche

„Ich habe eine Wassermelone getragen." Genau das kann dein Kind sagen, wenn du ihm diese Tasche nähst. Sie ist ein Hit, und die Kids werden sie lieben.

MATERIAL

- 60 x 20 cm Canvas in Grün
- 10 x 15 cm Glitzerstoff in Silber
- 16 x 12 cm Glitzerstoff in Pink
- 50 x 20 cm Melonenstoff
- 20 cm Reißverschluss
- 1 m Kordel

ZUSCHNITT

Aus Canvas in Grün (Oberstoff)

2 x Taschenbeutel (VB 2)

2 x Reißverschlussblende (VB 2)

2 x Lasche (VB 2)

Aus Glitzerstoff in Silber

1 x Melonenapplikation außen (VB 2)

Aus Glitzerstoff in Pink

1 x Melonenapplikation innen (VB 2)

Aus Melonenstoff (Futterstoff)

2 x Taschenbeutel (VB 2)

Tipp

Verwende hier nur nicht dehnbare Stoffe.

So geht's

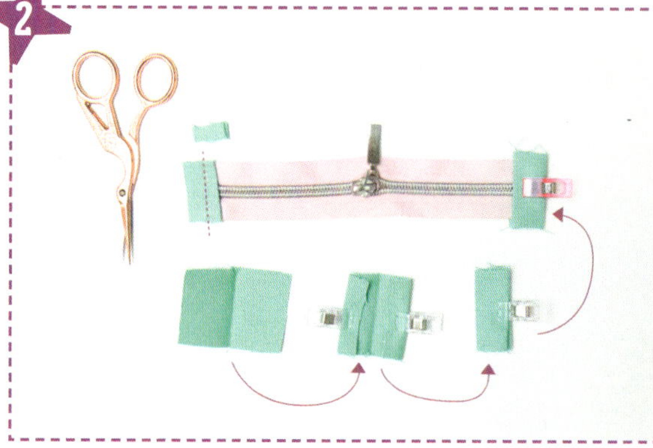

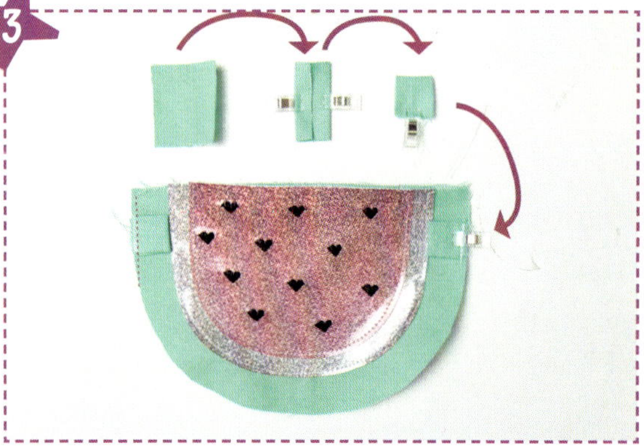

1. Steppe auf ein Canvas-Taschenteil erst die Applikation in Silber und dann in Pink links auf rechts rundum auf.

2. Falte die Reißverschlussblenden einmal mittig, klappe sie wieder auf und falte beide Seitenkanten um 1 cm zur Mitte. Lege die Blenden um die Enden des Reißverschlusses – der Mittelfalz sitzt am Reißverschlussende – und steppe sie quer über den Reißverschlussstoff fest.

3. Falte die Laschen von beiden Seiten in die Mitte, dann einmal längs und fixiere sie mit einer Naht auf den Knipsen.

4. Lege den Reißverschluss auf die rechte Seite eines Taschenteils aus Futterstoff. Der Reißverschluss liegt mittig an der geraden Kante des Taschenteils. Lege die Taschen-Vorderseite rechts auf rechts darauf. Die drei Lagen mit dem Reißverschlussnähfuß absteppen. 1,5 cm Abstand zur Seitenkante lassen.

5

6

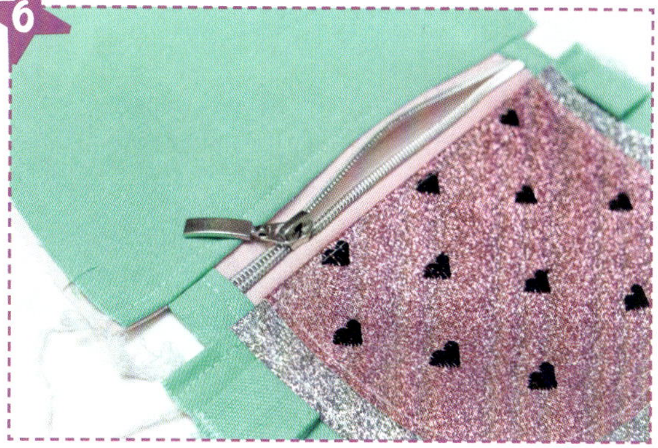

7

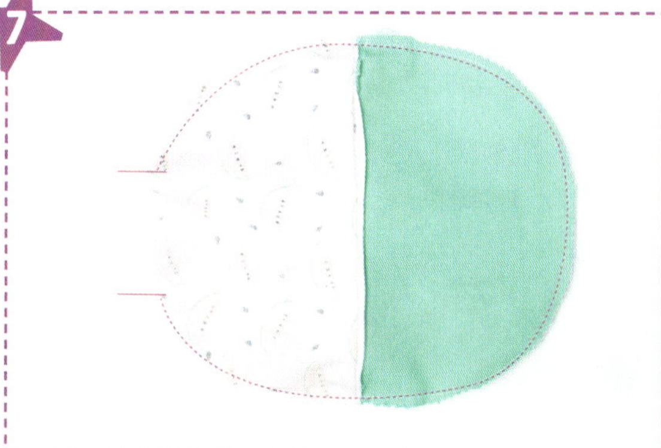

8

5. Lege die andere Seite des Reißverschlusses auf die Taschen-Rückseite aus Canvas und darauf das zweite Futterteil. Nähe die Teile zusammen.

6. Klappe die Stoffe um, sodass Futter und Oberstoff rechts auf rechts aufeinanderliegen. Wenn dein Stoff es zulässt, bügle die Naht am Reißverschluss schön glatt. Steppe die Reißverschlussnähte von rechts bis zur Stoffkante ab. Öffne den Reißverschluss!!!

7. Lege Futter auf Futter und Oberstoff auf Oberstoff rechts auf rechts. Schließe in einem Rutsch die offenen Kanten. Lass dabei eine Wendeöffnung im Futter. Schneide dann die Nahtzugabe mit einer Zackenschere zurück, damit sich die Rundungen gut legen.

8. Wende die Tasche, kontrolliere, ob alles richtig sitzt, und schließe die Wendeöffnung. Fädle die Kordel durch die Lasche und verknote die Enden. Fertig!

dream

ZUM ANZIEHEN

GLITZER-tüllrock

... like a princess. Bringe kleine Augen zum Strahlen, indem du einen Traum aus Tüll erschaffst.

MATERIAL

- Tüll in Rosa, evtl. mit Pailletten, Menge laut Zuschnitt
- Glitzer-Jersey in Rosa, Menge laut Zuschnitt
- Gummiband in Rosa

ZUSCHNITT

Aus Tüll (Oberstoff)

Breite: Hüftumfang des Kindes mal zwei. Wenn z. B. das Kind 60 cm Hüftumfang hat, schneidest du den Tüll in einer Breite 120 cm zu.

Höhe: Nach Geschmack. Ich habe hier eine Höhe von 35 cm inklusive 2 cm Nahtzugabe gewählt. Also ist mein Tüll-Stoffstück 120 x 35 cm groß.

Aus Jersey (Futterstoff)

Für das Futter verwendest du dieselben Maße wie für den Oberstoff. Jedoch wird das Futter später gesäumt und dadurch etwas kürzer.

Aus Gummiband

Lege das Gummiband unter etwas Spannung, aber nicht zu eng, auf Höhe der Oberkante des Hüftknochens um die Hüfte deines Kindes, um die benötigte Länge herauszufinden. Da die Dehnbarkeit immer variiert, bist du mit dieser Methode auf der sicheren Seite. Ist das Kind gerade nicht da, kannst du auch den oberen Hüftumfang nehmen und ca. 5 cm in der Länge abziehen.

Tipp

Hier kannst du dehnbare und nicht dehnbare Stoffe verwenden, auch in Kombination.

Tipp

Tüll musst du nicht versäubern – also schön ordentlich zuschneiden und freuen …

So geht's

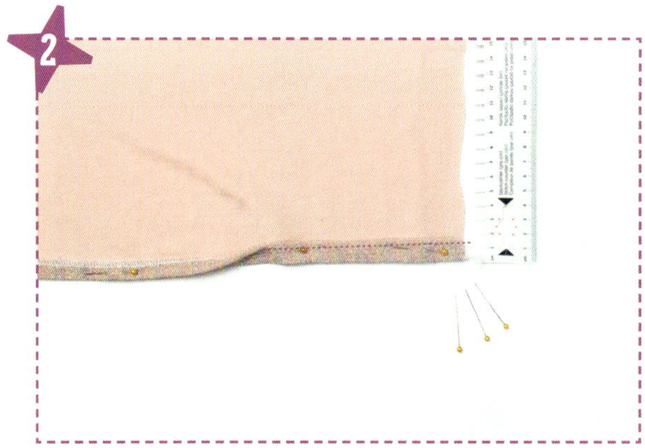

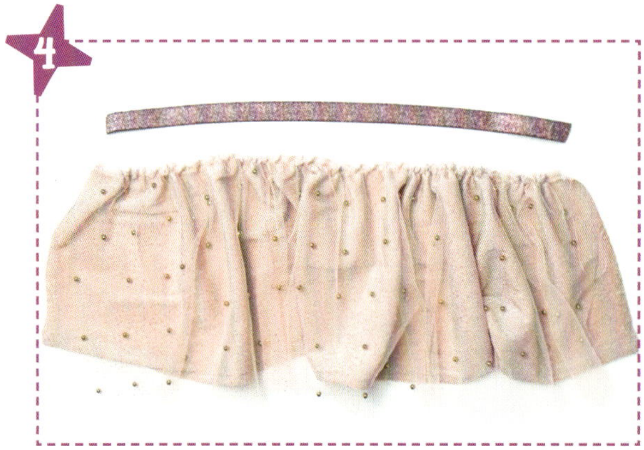

1. Schnelde Tüll, Jersey und Gummiband in der individuellen Größe des Kindes zu, wie beim Zuschnitt beschrieben.
2. Säume die untere Kante deines Futters. Dazu schlägst du den Stoff erst 1 cm ein und dann erneut 1 cm. Bügle den Saum, wenn dein Stoff das zulässt, und steppe ihn dann nähfüßchenbreit am unteren Rand ab.
3. Lege das Tüllstück auf das Futter und verbinde die Stoffe mit einer Naht oben innerhalb der Nahtzugabe, so verrutscht später nichts.
4. Nähe an der Oberkante unter der zuvor gesetzten Naht ohne zu verriegeln. Verwende dafür einen Geradstich mit Stichlänge 5. Lass an den Enden etwas Faden überstehen. Ziehe nun vorsichtig an dem Unterfaden und schiebe den Stoff so lange zusammen, bis der obere Teil so breit ist wie das Gummiband.

5. Stecke mit so vielen Nadeln wie möglich den Rock an dein Gummiband.
6. Nähe mit einem Zickzackstich den Stoff an das leicht gedehnte Gummiband.
7. Schließe nun die Seitennaht des Rockes inklusive Gummiband rechts auf rechts mit einem dehnbaren Stich.
8. Klappe beim Gummiband die Nahtzugaben auseinander und steppe sie an beiden Enden flach von außen ab, so drückt nachher nichts. Fertig!

PIMP YOUR Pulli

Es gibt viele Varianten, wie du Glitzer auf dein Kleidungsstück bekommst, ich zeige dir hier drei Versionen.

Wendepailletten-Applikation

MATERIAL

- Wendepaillettenapplikation Hase
- Stylefix®

Paillettenband

MATERIAL

- ca. 1,50 m Paillettenband
- Textilkleber
- Trickmaker

DIY-Wendepailletten-applikation

MATERIAL

- 15 x 17 cm Wendepaillettenstoff
- 15 x 17 cm Vliesofix

ZUSCHNITT

Aus Wendepaillettenstoff

1 x Palme (VB 1)

Aus Vliesofix

1 x Palme (VB 1)

Tipp

Stylefix®, auch Wondertape genannt, ist doppelseitiges Klebeband, welches extra schmal ist und zum Nähen verwendet wird.

So geht's

WENDEPAILLETTEN-APPLIKATION

1. Klebe ein paar Streifen Stylefix® auf die Rückseite deiner fertigen Applikation. Ziehe die Schutzschicht ab.
2. Platziere den Hasen auf deinem Kleidungsstück.
3. Nähe dicht am Rand mit einem Zick-zackstich die Applikation fest, lege dafür die Pailletten weg vom Nähfuß.
4. Schneide das Vlies zurück … Fertig!

So geht's

DIY-WENDEPAILLETTEN-APPLIKATION

1

2

3

4

1. Übertrage die Palme gemäß Vorlage auf die Rückseite des Vliesofix. Bügle das Vliesofix auf die Rückseite deines Paillettenstoffes. Teste vorher, ob der Paillettenstoff gebügelt werden darf.
2. Schneide die Palme aus. Entferne, wenn möglich, Pailletten am Rand.
3. Bügle die Palme auf dein Kleidungsstück. Lege immer ein Backpapier dazwischen.
4. Nähe am Rand mit einem Zickzackstich die Applikation fest, lege dafür die Pailletten weg vom Nähfuß. Fertig!

So geht's

PAILLETTENBAND

1

2

3

4

1. Male mit dem Trickmarker dein Motiv auf dein Kleidungsstück.
2. Fahre nun mit dem Textilkleber deine Linie nach und klebe Stück für Stück dein Paillettenband auf.
3. Fixiere das Band zusätzlich mit einer Naht, entweder per Hand …
4. … oder mit der Nähmaschine.

Tipp

Auf die Ellbogen kann man zusätzlich kleine Luftballons aus Glitzerstoff annähen und mit einer Satinschleife dekorieren (siehe kleines Foto auf dem Cover).

TURBAN-
haarband

Haarbänder sind nicht nur praktisch, sondern wieder voll im Trend, und in der Glitzerversion bleiben sie bestimmt für lange Zeit dein Lieblingshaarband.

MATERIAL

- ca. 120 x 20 cm Glitzer-Jersey in Rosa

ZUSCHNITT

Aus Glitzerjersey in Rosa

2 x Rechteck:

(Kopfumfang + 3 cm) x 20 cm

So geht's

1. Rechne das Maß für dein Turbanteil aus und schneide es zweimal zu.
2. Falte die Schnittteile jeweils längs rechts auf rechts und schließe die lange Seite. Danach wenden, die Naht in die Mitte legen und die Bänder glatt bügeln.
3. Lege die Stoffbänder gekreuzt vor dich, Naht auf Naht liegend. Das senkrechte Band liegt dabei oben.
4. Falte das waagrechte Band um das senkrechte, Naht auf Naht. Siehe Bild.

5

6

5. Nun alle offenen Kanten aufeinanderlegen und zusammennähen: Erst das obere Ende des senkrechten Bands mit Naht nach unten, darauf das untere Ende des Querbands mit Naht nach oben, dann das obere Ende des Querbands mit Naht nach unten und zuletzt das untere Ende des senkrechten Bands mit Naht nach oben.

6. Jetzt das Haarband noch zurechtzupfen und schon bist du fertig.

Tipp

Passend dazu kannst du dir superschnell und simpel aus Jerseyschrägbändern oder auch elastischen Einfassbändern passende Haar- und Armbänder machen.
Dafür einfach Jerseyschrägbandreste in 20 cm große Stücke schneiden, verknoten und freuen …

GLITZERBEANIE und Scrunchie

Ein wärmender Beanie und ein schickes Haarband, und schon ist die kleine Dame bereit, die Welt zu erobern!

Glitzerbeanie

MATERIAL

- 55 x 30 cm Glitzerjersey in Grau
- 55 x 30 cm Jersey in Rosa gemustert
- Paillettenband – je nach gewünschter Dekoration

ZUSCHNITT

Aus Glitzerjersey in Grau (Oberstoff)

1 x Glitzerbeanie im Stoffbruch (VB 2)

Aus Jersey in Rosa gemustert (Futterstoff)

1 x Glitzerbeanie im Stoffbruch (VB 2)

Scrunchie

MATERIAL

- 50 x 5 cm Jersey in Rosa
- 18 cm Gummiband Kinder-Elastic, 5 mm breit
- Sicherheitsnadel

ZUSCHNITT

Aus Jersey in Rosa

1 x Haarband im Stoffbruch (VB 1)

2 x Schleife (VB 1)

Tipp

Verwende hier nur nicht dehnbare Stoffe.

Tipp

Hier kannst du dehnbare und nicht dehnbare Stoffe verwenden, auch in Kombination.

So geht's

GLITZERBEANIE

1
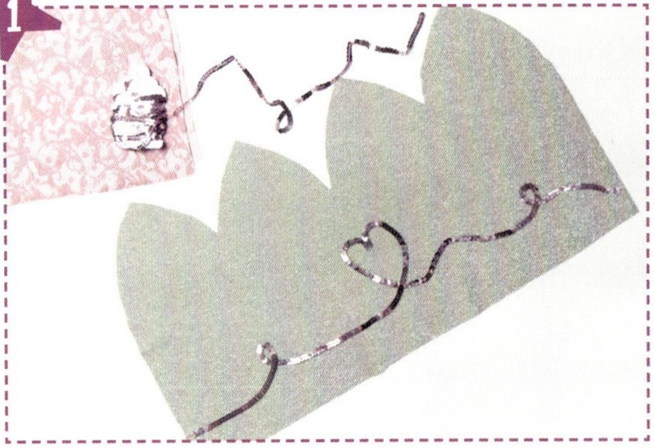

2

3

4

1. Verziere den Oberstoff der Mütze, wie auf Seite 68 beschrieben (Pullover mit Paillettenband).
2. Schlage die Seiten der Außenmütze rechts auf rechts in die Mitte und schließe die eingezeichneten Kanten. Wiederhole dies mit dem Futter.
3. Lege die Mützen jeweils so hin, dass die soeben geschlossenen Nähte in der Mitte liegen und aufeinandertreffen. Schließe die noch offene Ober- und Seitenkante, wie auf dem Bild eingezeichnet. Lass beim Futter aber eine Wendeöffnung.
4. Stecke beide Mützen rechts auf rechts ineinander und nähe sie entlang der Unterkante ringsum zusammen. Durch die Wendeöffnung wenden. Schließe die Wendeöffnung, stülpe dann die Futtermütze in die Außenmütze, fertig.

So geht's

SCRUNCHIE

1
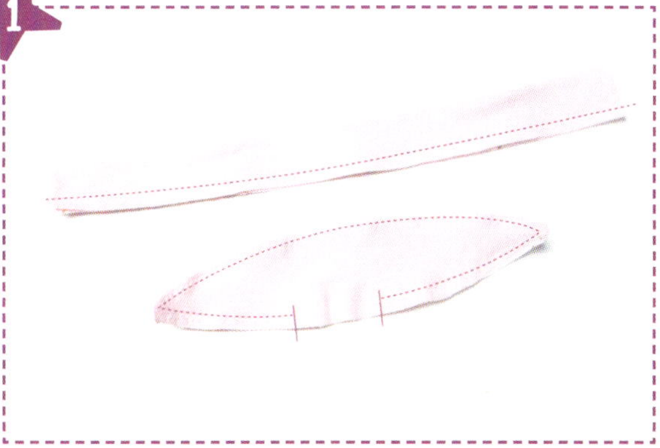

2

3

4

1. Lege die beiden Schleifenteile rechts auf rechts. Schließe mit einem Geradstich die Schleife, lass dabei eine Wendeöffnung. Falte das Haarband dann über die kurze Seite und schließe die lange Seite.
2. Wende beide Teile. Bei der Schleife die Wendeöffnung schließen. Ziehe das Gummiband mithilfe einer Sicherheitsnadel durch den Schlauch.
3. Schiebe den Stoff über dem Gummiband zusammen, bis beide Enden des Gummibands mit der Stoffkante gleichauf sind. Stecke die offenen Stoffkanten aufeinander, das Gummiband liegt dabei mittig im Stoff. Nähe alles mit einem Zickzackstich zusammen.
4. Die Schleife um die eben gesetzte Naht legen und verknoten. Fertig!

love

Danke

Ich bedanke mich in erster Linie bei mir … denn ich habe dieses Buch geschrieben 😂

Natürlich entsteht so ein Buch nicht nur ganz allein durch den Autor, sondern ich wurde von meinen Liebsten unterstützt.

Dazu gehört mein Mann, der mir den Rücken frei gehalten hat, damit ich die Zeit habe, um mein Projekt umzusetzen.

Meine Tochter, die jedes einzelne Projekt bewertet und abgesegnet hat. Meistens mit einem Kreischen.

Ina, die mir zu jeder Tag- und Nachtzeit zur Seite stand …

Dann möchte ich mich noch bei meiner Mutter dafür bedanken, dass sie mich vor 5 Jahren gezwungen hat, das Nähen anzufangen; und das, obwohl ich echt Respekt davor hatte und mein Satz dazu immer war „Ich kann das nicht!" Danke fürs Schubsen. Ohne sie würde es dieses Buch nicht geben!

Auch möchte ich mich bei allen meinen Freunden bedanken, die mir nicht böse sind, dass ich eine ganze Weile keine Zeit für einen Kaffee hatte.

Mein weiterer Dank gilt den Firmen, die in mir das Potenzial gesehen haben und mein Buch unterstützt haben:

Alles für Selbermacher, Snaply, Stoffcentrum, Rico, buttinette & Prym

Anne und Judith vom Verlag Edition Michael Fischer möchte ich auch noch danken, die jeder Frage und jeder Idee offen gegenüberstanden.

Und dann danke ich dir, dass du Glitzer und meine Projekte so sehr liebst wie ich, und mein Buch jetzt in deinem Besitz ist.